Mäusepfiff und Himmelsblau –
komm, nimm Platz, und hör und schau.

Löwenzahn und Bärenspeck,
hab mich lieb und lauf nicht weg.

Klickerloch und Trampeltier,
wenn du Lust hast, spiel mit mir.

Kuckucksei und Kitzelgras,
ich erzähl dir auch noch was.

Kugelhupf und Hexenritt,
wenn's dir Spaß macht, dann sing mit.

Wolkenfrau und Wassermann,
so, jetzt schau mich weiter an.

Fredrik Vahle

Mäusepfiff und Himmelsblau

Geschichten, Lieder, Spiele, Gedichte

Bilder von Helme Heine

Gertraud Middelhauve Verlag

Middelhauve Kinderbuch
7. bis 12. Tausend

Umschlaggrafik Helme Heine
Typographie Thomas Brink
Satz Kahmannsatz, Essen
Gesamtherstellung Parzeller, Fulda
Printed in Germany 1984
ISBN 3 7876 9153 7 / mit Schallplatte 3 7876 9155 3

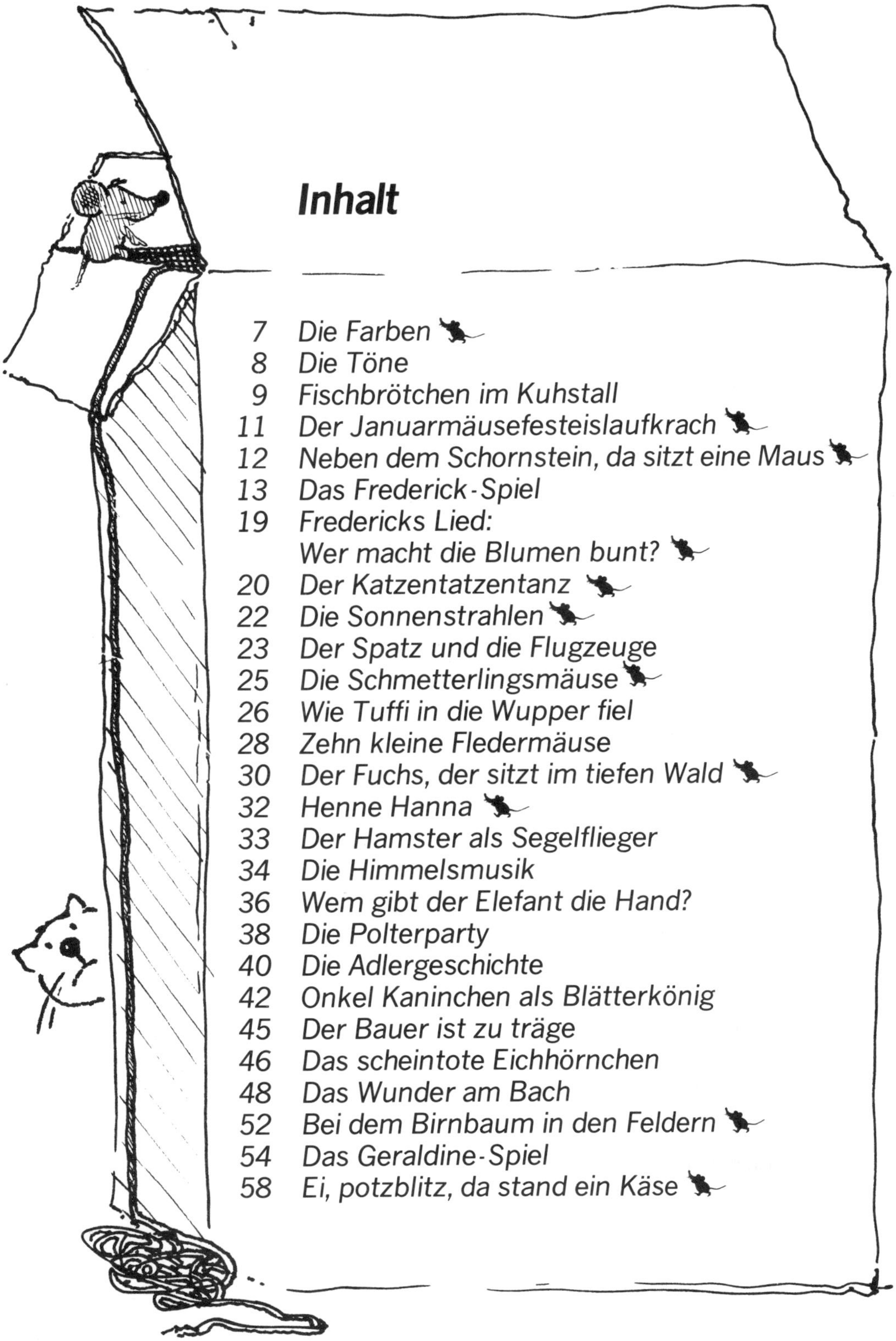

Inhalt

Die Farben

Vom Himmel das Blau,
von den Mäusen das Grau,
von Tomaten das Rot
und das Braune vom Brot,
grüne Wiesen dabei
und das Gelbe vom Ei.

Die Töne

Ein Ton, der sprach zum andern:
»Komm mit, wir gehen wandern.
Wir müssen raus aus dem alten Mief,
du klingst schon ganz krumm, und ich klinge schief.«

Sie krochen in eine Flöte hinein,
und als sie herauskamen, klangen sie fein.
Sie klangen einsam zurück und vor
und suchten beide verzweifelt ein Ohr.

Dann haben die beiden gleich zwei gefunden,
und jeder ist in einem verschwunden.
Und zwischen den Ohren, da war ein Gesicht,
das freute sich plötzlich ganz königlich.

Und der eine Ton sagte zum andern: »Kiek,
jetzt ham wir's geschafft!
Jetzt sind wir
Musik!«

Fischbrötchen im Kuhstall

Es war einmal eine große Schildkröte, die hieß Emma, und eine kleine Schildkröte, die war nur so groß wie ein Brötchen, deshalb nannten wir sie Fischbrötchen. Sie wohnten in unserem großen Aquarium, und eines Tages passierte es dann: Emma kletterte auf ein Stück Holz, das in dem Aquarium schwamm, und sonnte sich. Fischbrötchen kletterte ebenfalls auf das Holz und weiter auf Emmas Rücken und sonnte sich auch. Aber Emma wurde böse und schüttelte sich – bums, fiel Fischbrötchen aus dem Aquarium und landete auf dem Teppich. Und weil Fischbrötchen sehr neugierig war, krabbelte sie durch das Zimmer auf den Balkon, streckte den Kopf durch die Balkongitter und sauste weiter – sssssssssst-bums, mitten ins Erdbeerbeet.

Zuerst aß Fischbrötchen sich an den Erdbeeren richtig satt. Dann krabbelte sie weiter und kam zu einem Grashaufen. In den wühlte sie sich rein, um zu schlafen, aber da kam der Bauer Wagner mit dem Traktor angerattert. Er lud den Grashaufen auf den Traktor und fuhr, butt, butt, butt, butt, butt, zurück ins Dorf. Er nahm den Haufen Gras und brachte ihn in den Kuhstall.

»Da, Liese, hast du dein Mittagessen. Und guten Appetit!«

Die Kuh fing an zu fressen – da war plötzlich vor ihr ein Tier, das hatte sie in ihrem ganzen Leben noch nicht gesehen. Und Fischbrötchen guckte hoch zu einem Tier, das hatte sie ebenfalls in ihrem ganzen Leben noch nicht gesehen.

»Wer bist du?« fragte die Kuh.

»Ich bin eine Schildkröte und heiße Fischbrötchen«, sagte Fischbrötchen. »Und wer bist du?«

»Ich bin eine Kuh – das weiß doch jeder!« sagte die Kuh.

»Und warum hast du zwei Kleiderhaken am Kopf?« fragte Fischbrötchen.

«Das sind doch keine Kleiderhaken – das sind meine Hörner!« sagte die Kuh.

»Und warum hast du so einen komischen roten Waschlappen im Maul?« fragte Fischbrötchen.

»Das ist doch kein Waschlappen – das ist meine Zunge!« sagte die Kuh.

»Und warum hast du zwei schwarze Pinsel neben den Kleiderhaken?«

»Das sind keine schwarzen Pinsel – das sind meine Ohren!« sagte die Kuh.

»Und warum hast du einen so großen Handschuh zwischen den Beinen?« fragte Fischbrötchen.

»Das ist doch kein Handschuh – das ist mein Euter, damit gebe ich Milch!«

»Und warum hast du einen Strick am Hintern?« fragte Fischbrötchen.

»Das ist doch mein Schwanz, damit verscheuche ich die Fliegen!« sagte die Kuh.

»Und warum hast du dir einen schwarzweißen Bettvorleger um den Bauch gewickelt?« fragte Fischbrötchen.

»Das ist kein Bettvorleger – das ist mein Fell!« sagte die Kuh. »Aber was hast du denn für ein komisches Fell? Das sieht ja aus wie altes Knäckebrot!«

»Das ist kein Fell – das ist mein Schildkrötenpanzer!« sagte Fischbrötchen. »Und da kann sogar eine Kuh drauf stehen!«

»Waaas?« sagte die Kuh. »Unglaublich! Das muß ich gleich mal ausprobieren.«

Und sie versuchte, sich mit allen vier Beinen auf Fischbrötchen zu stellen. Aber sie rutschte aus, kullerte durch den Kuhstall, flog gegen die Kuhstalltür, die Kuhstalltür flog auf, und die Kuh kullerte mitten auf den Bauernhof.

»Ach du meine Güte!« rief die Bauersfrau, warf vor Schreck den frischen Pflaumenkuchen auf den Misthaufen, lief tripp, tripp, trapp die Treppe hoch, machte die Haustür auf, lief durch den Flur, machte die Küchentür auf und sagte zum Bauern: »Bauer, bei uns im Kuhstall ist ein Monster, das hat gerade die Kuh zum Kuhstall rausgekullert!«

»Waaas?« sagte der Bauer und bekam Angst. Aber dann setzte er seinen Feuerwehrhelm auf, schlich auf Zehenspitzen über den Hof zum Kuhstall, guckte vorsichtig durchs Kuhstallfenster – und was sah er da?

Eine Schildkröte, die nicht größer war als ein Brötchen.

»Aha«, sagte der Bauer, »ich weiß, wo du herkommst!«

Er brachte Fischbrötchen zu uns zurück, und jetzt sitzt sie wieder in unserem Aquarium.

»Gibt es außer uns noch andere Tiere auf der Welt?« fragte Emma.

»Ja«, sagte Fischbrötchen, »die Kühe!«

»Und haben die auch einen Panzer wie wir?« fragte Emma.

»Nein«, sagte Fischbrötchen, »sie haben Hörner, Ohren, eine Zunge, ein Euter, einen Schwanz und ein schwarzweißes Fell.«

»Waaas?« sagte Emma, »das verstehe ich nicht.«

»Wenn du's nicht verstehst, dann will ich's dir erklären«, sagte Fischbrötchen. »Kühe sind ganz große Tiere. Die haben Kleiderhaken und schwarze Pinsel am Kopf, einen großen Handschuh zwischen den Beinen und einen roten Waschlappen im Maul. Sie haben einen Strick am Hintern und einen schwarzweißen Bettvorleger um den Bauch gewickelt. Und sie wohnen in einem riesengroßen Aquarium, da sind sogar Fenster drin, und auf dem Boden liegt Stroh und Spinat.«

»Unglaublich!« sagte Emma und dachte noch lange über Fischbrötchens Geschichte nach.

Der Januarmäusefesteislaufkrach

Der Januar macht nicht nur alles weiß,
der Januar macht auch aus Wasser Eis.
Sogar der Bach war zugefroren,
und alle Welt hatte rote Ohren.

Der Hund sprang aufs Eis
und fiel auf die Nase.
Lief jaulend nach Haus.
Das hörte der
Hase.

Der Hase nahm Anlauf
und schlittert im Nu
dreihundert Meter,
und da stand die
Kuh.

»Das Eis ist zu dünn,
und ich bin zu schwer!«
sprach die Kuh
und rief ihren Freund, den
Bär.

Der Bär kam grade vom Pizzaessen
und hatte natürlich die Schlittschuh vergessen.
Die Kuh rief: »Wie schade, mein Brummbär,
mein Süßer!«
Und davon erwachte der
Tausendfüßler.

»Tausend eiskalte Füße,
das muß doch nicht sein!«
klagte der Tausendfüßler dem
Schwein.

Das Schwein saß am Tisch
und war grad am Schmatzen.
»Ich hab keine Zeit, doch sag ich's den
Katzen.«

Die Katzen gähnten
und leckten ihr Maul.
»Zum Schlittschuhlaufen
sind wir viel zu faul.«

Das hörten die Mäuse
und trippelten leis
bis zum Bach und schwupp,
waren sie auf dem Eis.

Dann machten sie auf dem gefrorenen Bach
einen Januarmäusefesteislaufkrach.
Doch niemand hat sie gehört und gesehn.
Außer euch. Laufen die da nicht wunderbar schön?

C F G7 C
– Ne-ben dem Schornstein, da sitzt ei– ne Maus
und schaut in die sehr wei– te Welt hin – aus.
C F C
Doch da kommt der Wind, der kalte Ge- sell, und die Maus, die
F G7 C
schlüpft unters Dach ganz schnell.
C F G7 C
Brrrmm, bumm… bumm… bumm…

Lena

Das Frederick-Spiel

Neben dem Schornstein, da sitzt eine Maus
und schaut in die sehr weite Welt hinaus.
Doch da kommt der Wind, der kalte Gesell,
und die Maus, die schlüpft unters Dach ganz schnell.

Eine uralte Lederhose stand da
und 'ne Leberwurstdose, in der nichts mehr war.
Davon kriegt sie Hunger, die kleine Maus,
und läuft schnell weiter ins Treppenhaus.

Was sieht sie da plötzlich dicht neben sich?
Zwei Gummistiefel, wie fürchterlich.
In denen steckt riesig und schwer, Bein für Bein,
der dicke Karl Gustav vom Angelverein.

Und wie er gleich drauf in der Küche sitzt,
kommt die Maus durch die Küchentür reingeflitzt.
Karl Gustav springt auf und schreit: »Eine Maus!«
Und schwupp, schon ist sie zur Küche hinaus.

Vor dem Fernseher findet die Maus, was ein Glück,
drei Erdnüsse und ein'n Kartoffelchip.
Doch da sitzt im Sofa mit scharfer Kralle
Mieze, die lebende Mausefalle.

Ganz leise schleicht sich die Katze heran.
Da flüchtet die Maus, so schnell sie nur kann.
Sie läuft um ihr Leben und ist noch mal schneller
und landet am Ende im Kohlenkeller.

Und weil es der Maus in dem Haus nicht gefällt,
wandert sie morgens früh in die sehr weite Welt.
Da kennt sie weit weg bei Pferd, Kuh und Bauer
eine alte, mit Gras bewachsene Mauer.

Ich will keine Gebrauchsanweisung geben, wie man ein Bilderbuch, den Frederick (oder die Geraldine Seite 54) von Leo Lionni, als Theaterstück oder als Singspiel aufführen soll.
Ich möchte Anregung geben – zum Spielen und Weiterspielen, auch mit meinen Liedern zu Frederick und zur Geraldine, die hier zum ersten Mal abgedruckt sind und auf Schallplatte einem Teil der Auflage beiliegen.

Wie man sich als Maus verkleidet

Sicher braucht ihr kein fertiges Mäusekostüm. Am besten ist, ihr überlegt euch, welche Sachen ihr zu Hause, in der Schule oder im Kindergarten habt, die geeignet sind für ein Mäusekostüm.

Die Schnurrbarthaare könnt ihr euch gegenseitig ins Gesicht malen. Graue oder rosa Mäuseohren könnt ihr aus Pappe ausschneiden und mit einem Gummiband an einer Mütze befestigen. Dann braucht ihr noch ein Mäusefell. Dazu kann man einen langen, grauen Pullover, ein graues Hemd oder auch einen grauen Kittel nehmen. Je lustiger die Mäuse aussehen, desto besser. Einen Mäuseschwanz könnt ihr euch aus Stoff oder Papier basteln und hinten mit einer Sicherheitsnadel befestigen. Natürlich kann man sich auch eine Mäusemaske aus Stoff oder Papier basteln. Hauptsache ist, ihr könnt darin gut sehen und euch gut darin bewegen. Denn schließlich sollen die Mäuse ja auch arbeiten, singen und tanzen. Auch die kleineren von euch können mitspielen, denn sie sehen ja, was die größeren machen. Es muß eine kunterbunte Mäuseschar zusammenkommen.

Für das Spiel braucht ihr auch eine Mäuse-Mauer. Ihr könnt große Würfel oder Kartons so zusammenstellen, daß man noch dazwischen durchklettern kann. Das sind dann die Mauerlücken, in denen die Mäuse ihre Vorräte verstecken und ihr Winterlager anlegen. Natürlich könnt ihr auch einen Tisch, ein altes Sofa oder eine Bank als Mauer nehmen. Vielleicht gibt es in der Nähe auch eine richtige Mauer, die ihr einbeziehen könnt.

Vorspiel

Es ist als Einstimmung für die Zuschauer gedacht. Der Vorhang ist noch geschlossen, die Bühne ist dunkel.

Am einfachsten ist, das Lied »Neben dem Schornstein, da sitzt eine Maus« (Seite 12) ablaufen zu lassen, mitzusingen oder selber zu singen. Es endet, wo Lionnis Geschichte von Frederick anfängt, nämlich an der alten Steinmauer.

Aber man kann auch beim Vorspiel schon mitmachen. Stellt euch vor, welche Geräusche die kleine Maus auf dem Weg zur alten Steinmauer hört, welche Hindernisse ihr begegnen:

ein LKW
ein Traktor
ein Fahrrad
eine Kuh
ein Kuckuck

Ihr könnt das auf große Bilder malen und die Geräusche dazu machen. Ihr könnt das unhörbare Trippeln der kleinen Maus verdeutlichen, indem ihr leise »tiptiritip« singt. Dadurch erhöht ihr die Spannung der Zuschauer, und sie sind schon ganz neugierig, wenn der Vorhang auf- und das Licht angeht.

Frederick
von Leo Lionni

Die Mäuse machen ganz verschiedene Sachen: Die einen suchen Körner und Nüsse (Walnüsse, Erdnüsse, Haselnüsse), die zum Teil versteckt sind und erst ausgebuddelt werden müssen. Andere Mäuse richten sich ein gemütliches Winterlager ein, sie sammeln Kartons, Lumpen, Papier und alles mögliche andere. Manche Sachen sind so schwer, daß sie von mehreren Mäusen gemeinsam geschleppt werden müssen. Man kann sich vorstellen, daß auf der Bühne zuerst ein großes Durcheinander herrscht, bis die Mäuse nach und nach alles eingesammelt haben und das Winterlager gebaut ist.

Alle Mäuse arbeiten, nur Frederick sitzt abseits und tut nichts. Die anderen Mäuse überlegen und fragen sich gegenseitig, was er wohl macht: schläft er – träumt er – ist er traurig – ist er krank – ist er ein Faulpelz – hat er Angst?

Schließlich erklären die Mäuse Frederick den Sinn der Arbeit (Vorräte für den Winter anlegen) und was alles zu tun ist. Dann fragen sie ihn, was er macht.

Rund um die Wiese herum, wo Kühe und Pferde grasten, stand eine alte, alte Steinmauer. In dieser Mauer – nahe bei Scheuer und Kornspeicher – wohnte eine Familie schwatzhafter Feldmäuse. Aber die Bauern waren weggezogen, Scheuer und Kornspeicher standen leer. Und weil es bald Winter wurde, begannen die kleinen Feldmäuse Körner, Nüsse, Weizen und Stroh zu sammeln.

Alle Mäuse arbeiteten Tag und Nacht. Alle – bis auf Frederick.

»Frederick, warum arbeitest du nicht?« fragten sie.

»Ich arbeite doch«, sagte Frederick, »ich sammle Sonnenstrahlen für die kalten, dunklen Wintertage.«

Und als sie Frederick so dasitzen sahen, wie er auf die Wiese starrte, sagten sie: »Und nun, Frederick, was machst du jetzt?«

»Ich sammle Farben«, sagte er nur, »denn der Winter ist grau.«

Und einmal sah es so aus, als sei Frederick halb eingeschlafen.

»Träumst du, Frederick?« fragten sie vorwurfsvoll.

Jetzt kann sich Frederick ruhig bewegen – die Wörter wie Pilze sammeln oder wie Schneeflocken aus der Luft greifen. Wichtig ist, daß er solche Wörter »findet« und ausspricht, die später auch in seinem Lied vorkommen, also zum Beispiel Schneeflocken, Mondlampe, Frühlingsmaus.

An dieser Stelle könnt ihr verschiedene Lieder singen und Reime aufsagen. Sie stehen auch in diesem Buch und sind im Inhaltsverzeichnis mit einem Kennzeichen versehen, das sieht so aus…

Die kleinen Mäuse fangen an zu frieren. Vielleicht könnt ihr an dieser Stelle auch Wind- und Sturmgeräusche machen.

»Aber nein«, sagte er, »ich sammle Wörter. Es gibt viele lange Wintertage – und dann wissen wir nicht mehr, worüber wir sprechen sollen.«

Als nun der Winter kam und der erste Schnee fiel, zogen sich die fünf kleinen Feldmäuse in ihr Versteck zwischen den Steinen zurück. In der ersten Zeit gab es noch viel zu essen, und die Mäuse erzählten sich Geschichten über singende Füchse und tanzende Katzen. Da war die Mäusefamilie ganz glücklich!

Aber nach und nach waren fast alle Nüsse und Beeren aufgeknabbert, das Stroh war alle, und an Körner konnten sie sich kaum noch erinnern. Es war auf einmal sehr kalt zwischen den Steinen der alten Mauer, und keiner wollte mehr sprechen.

Da fiel ihnen plötzlich ein, wie Frederick von Sonnenstrahlen, Farben und Wörtern gesprochen hatte.

»Frederick!« riefen sie, »was machen *deine* Vorräte?«

»Macht die Augen zu«, sagte Frederick und kletterte auf einen großen Stein. »Jetzt schicke ich euch die Sonnenstrahlen. Fühlt ihr schon, wie warm sie sind? Warm, schön und golden?«

Und während Frederick so von der Sonne erzählte, wurde den vier kleinen Mäusen schon viel wärmer. Ob das Fredericks Stimme gemacht hatte? Oder war es ein Zauber?

»Und was ist mit den Farben, Frederick?« fragten sie aufgeregt.

»Macht wieder eure Augen zu«, sagte Frederick. Und als er von blauen Kornblumen und roten Mohnblumen im gelben Kornfeld und von grünen Blättern am Beerenbusch erzählte, da sahen sie die Farben so klar und deutlich vor sich, als wären sie aufgemalt in ihren kleinen Mäuseköpfen.

»Und die Wörter, Frederick?«

Natürlich braucht Frederick hier keinen Stein. Es reicht, wenn er auf einen Stuhl, einen Tisch oder auf einen festen Würfel klettert. Zu den Sonnenstrahlen paßt auch das Gedicht auf Seite 22, das könnte Frederick jetzt aufsagen.

Wenn die Melodie des Liedes (auf Seite 19) noch zu schwer ist, laßt die Platte ablaufen, und Frederick singt nur mit. Oder alle können es singen. Oder das Gedicht wird gesprochen.

Frederick räusperte sich,
wartete einen Augenblick, dann
sprach er wie von einer Bühne herab:
»Wer streut die Schneeflocken,
wer schmilzt das Eis?
Wer macht lautes Wetter,
wer macht es leis?
Wer bringt den Glücksklee im Juni heran?
Wer verdunkelt den Tag, wer zündet die Mondlampe an?
Vier kleine Feldmäuse wie du und ich
wohnen im Himmel und denken an dich.
Die erste ist die Frühlingsmaus, die läßt den Regen lachen.
Als Maler hat die Sommermaus die Blumen bunt zu machen.
Die Herbstmaus schickt mit Nuß und Weizen schöne Grüße.
Pantoffeln braucht die Wintermaus für ihre kalten Füße.
Frühling, Sommer, Herbst und Winter sind vier Jahreszeiten.
Keine weniger und keine mehr. Vier verschiedene Fröhlichkeiten.«

Als Frederick aufgehört hatte, klatschten alle und riefen: »Frederick, du bist ja ein Dichter!«

Frederick wurde rot, verbeugte sich und sagte bescheiden: »Ich weiß es – ihr lieben Mäusegesichter!«

Fredericks Lied: Wer macht die Blumen bunt?

Text: Leo Lionni
Melodie: Fredrik Vahle

Der Katzentatzentanz

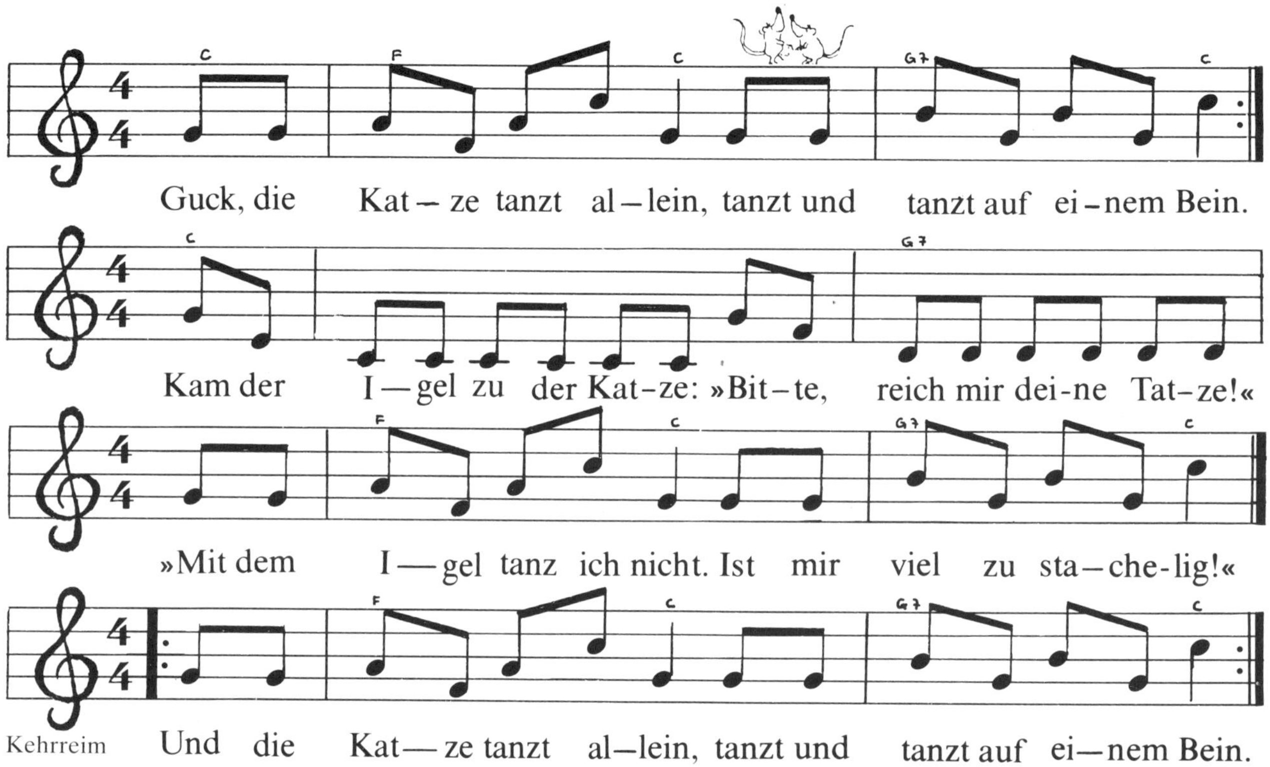

Spielvorschlag

Kam der Igel zu der Katze:
»Bitte, reich mit deine Tatze!«
»Mit dem Igel tanz ich nicht.
Ist mir viel zu stachelig!«
Kehrreim
Und die Katze tanzt allein,
tanzt und tanzt auf einem Bein.

Kam der Hase zu der Katze:
»Bitte, reich mit deine Tatze!«
»Mit dem Hasen tanz ich nicht.
Ist mit viel zu zappelig!«
Kehrreim
Kam der Hamster zu der Katze:
»Bitte, reich mir deine Tatze!«
»Mit dem Hamster tanz ich nicht.
Ist mir viel zu pummelig.«
Kehrreim
Kam der Hofhund zu der Katze:
»Bitte, reich mir deine Tatze!«
»Mit dem Hofhund tanz ich nicht,
denn der bellt so fürchterlich!«
Kehrreim
Kam der Kater zu der Katze:
leckte ihr ganz lieb die Tatze.
Streichelt sie und küßt sie sacht,
und schon hat sie mitgemacht.
Und dann tanzen sie zu zwein
über Stock und über Stein.
Jede Maus im Mauseloch
ruft: »Ein Glück, sie tanzen noch.«

Der Katzentatzentanz läßt sich leicht spielen. Ein Kind spielt die Katze, die anderen Tiere kommen nacheinander dazu.

Die Katze kann aber auch von Strophe zu Strophe von einem anderen Kind gespielt werden, damit möglichst viele Kinder drankommen.

Der Kehrreim kann auch verändert werden. Wenn die Katze abgelehnt hat zu tanzen, z. B. »Mit dem Igel tanz ich nicht, ist mir viel zu stachelig!«, wird folgende Zeile gesprochen und gespielt:
»Und der Igel (oder Hase, Hamster, Hund) neigt sich vor, sagt der Katze was ins Ohr.«

Dann folgt der neue Kehrreim:

»Und dann tanzen sie zu zwein
über Stock und über Stein.
Und dann gingen beide heim.«

Bei der nächsten Strophe kommen dann wieder zwei andere Kinder dran. Und am Schluß sollen alle Kinder mittanzen, die Lust dazu haben.

Die Sonnenstrahlen

Die Sonnenstrahlen sind von weit her
und sind doch so nah, als ob's gar nichts wär'.
Im Sommer, da scheinen sie noch und noch
auf das vornehmste Haus und aufs Mauseloch.

Sie sind auch manchmal sehr schwach, und dann
kommen sie gegen die Kälte nicht an.
Doch dauert das alles nur seine Zeit.
Dann merkt man sie wieder weit und breit.

Dann wärmen die Sonnenstrahlen den Bauch,
sie wärmen den Kopf und die Füße auch.
Sie wärmen die Wiese, sie wärmen den Wald,
und wenn's sie nicht gäbe, wär's furchtbar kalt.

Der Spatz und die Flugzeuge

Es war einmal ein Spatz, der wohnte an einem Flugplatz. Jeden Tag sah er die Flugzeuge mit ihren riesigen steifen Metallflügeln aufsteigen, und wenn sie über ihn wegbrausten, duckte er sich, weil die ganze Welt zu zittern anfing.

»Oh, ihr fürchterlichen Ungetüme!« schimpfte der Spatz. Aber dann schaute er den Flugzeugen nach, bis sie als kleine silberne Punkte in der Ferne verschwanden, und sagte: »Oh, ihr wunderschönen Silbervögel, wenn ich nur wüßte, wohin ihr fliegt!«

»Ich muß mich erkundigen«, sagte der Spatz eines Tages und flog zu den Hühnern.

»Man muß einfach besser fliegen können«, sagten die Hühner, »besser als die Hühner und die Spatzen zusammen. Außerdem legen Flugzeuge keine Eier und bauen keine Nester. Vielleicht sind sie deshalb so schnell.«

Mehr wußten die Hühner auch nicht. So flog der Spatz zur Bachstelze.

»Du mußt fliegen wie ich«, sagte die Bachstelze. »Ich hole die schnellsten Brummer ein, und Flugzeuge sind nichts anderes als besonders große Brummer.«

»Und wie machst du das?« fragte der Spatz.

»Zuerst mußt du mit dem Schwanz wippen und dann blitzschnell nach vorne fliegen«, sagte die Bachstelze.

Der Spatz wippte tüchtig mit dem Schwanz – und fiel auf den Hintern.

Er flog blitzschnell nach vorne – und fiel auf die Nase.

»Igittegitt«, sagte ein Schmetterling, der gerade vorbeiflog. »Du mußt gaukeln und schaukeln und schaukeln und gaukeln. Alles andere ist flattern und nicht fliegen.«

Also gaukelte und schaukelte und schaukelte und gaukelte der Spatz in der Gegend umher. Aber er kam nicht weit. Er trudelte ins Gras und konnte sich kaum noch auf den Beinen halten, so schwindelig war ihm.

Als es ihm wieder besser ging, flog er zu einem Teich. Da sah er eine große Libelle, die zuerst regungslos über dem Wasser stand – und plötzlich ganz woanders war. Der Spatz versuchte, es so zu machen wie die Libelle, und – patsch, fiel er kopfüber ins Wasser. Er konnte sich gerade noch ans Ufer retten.

Als er wieder trocken war, flog er zum Adler.

»Du mußt ganz hoch hinauffliegen«, sagte der Adler, »so hoch, daß du bis zum Rand der Welt gucken kannst.

Dann siehst du auch, wohin die Flugzeuge fliegen. Über den Rand der Welt fliegt niemand hinaus.«

»Wo ist der Rand der Welt?« fragte der Spatz.

»Das ist da, wo sich Himmel und Erde berühren«, sagte der Adler.

Also fing der Spatz an, Höhenflug zu üben, und bald konnte er fast so hoch fliegen wie der Adler.

Aber die Flugzeuge verschwanden hinter dem Rand der Welt, und der Spatz wußte wieder nichts.

»Von mir hat er nichts gelernt«, sagte die Bachstelze.

»Und von mir erst recht nicht«, sagten die Libelle und der Schmetterling.

Aber der Spatz hatte doch von jedem ein wenig dazugelernt. Nur eben auf seine eigene Weise.

Eines Tages kam ein Zirkusdirektor mit seinem Lieblingspapagei zum Flugplatz und wartete auf ein Flugzeug. Der Pilot, der den Zirkusdirektor mit seinem Lieblingspapagei wegfliegen sollte, staunte, denn der Lieblingspapagei hatte an jedem Bein ein kostbares silbernes Kettchen.

»Was ist, wenn man daran zieht?« fragte er.

»Wenn man am linken Kettchen zieht, spricht er französisch. Wenn man am rechten Kettchen zieht, spricht er englisch«, sagte der Zirkusdirektor.

»Und was ist, wenn man an beiden gleichzeitig zieht?« fragte der Pilot.

»Dann fall ich auf die Nase, du Depp!« sagte der Papagei.

Der Spatz war inzwischen herangeflogen und hatte sich alles genau angehört.

»Ich kann zwar kein Englisch und kein Französisch«, sagte er, »aber ich kann auch was!«

»Ein Spatz bleibt ein Spatz«, sagte der Zirkusdirektor, »deshalb ist auch noch nie ein Spatz in meinem Zirkus aufgetreten.«

Der Lieblingspapagei quakte alles noch einmal nach, was der Zirkusdirektor gesagt hatte, aber der Spatz ließ sich nicht einschüchtern. Er machte dem Zirkusdirektor einfach seine Kunststücke vor. Der Spatz flog zuerst wie eine Bachstelze, dann wie ein Schmetterling, dann wie eine Libelle und schließlich wie ein Adler. Aber eben alles auf seine Spatzenweise. Der Zirkusdirektor wußte nicht, ob er mehr staunen oder mehr lachen sollte. So etwas hatte er jedenfalls noch nie gesehen.

»Was willst du zur Belohnung?« fragte er den Spatz.

»Eine Antwort«, sagte der Spatz. »Wo fliegen die Flugzeuge hin?«

»An ganz verschiedene Orte«, sagte der Zirkusdirektor, »aber alle ganz weit weg.«

»Die Antwort reicht mir nicht«, sagte der Spatz, »ich will es genau wissen.«

»Dann mußt du mit uns fliegen«, sagte der Zirkusdirektor und nahm den Spatz und den Papagei zusammen mit ins Flugzeug.

Die anderen Vögel wunderten sich.

»Er hat kaum etwas gelernt, mit seinem Spatzenkopp und seinen Stummelflügeln, und jetzt weiß er bald mehr als wir alle«, sagte die Bachstelze, als das Flugzeug mit dem Papagei, dem Zirkusdirektor und dem Spatz als kleiner silberner Punkt in den Wolken verschwand.

Die Schmetterlingsmäuse

Die Mäuse bastelten Tag und Nacht
und haben sich Schmetterlingsflügel gemacht.
Aber fliegen hoch oben im Junilicht
wie die Schmetterlinge, das konnten sie nicht.

Sie standen und staunten. Dann sagten sie: »Nee,
wir haben eine ganz andre Idee.
Wir klettern hinauf auf den höchsten Hügel,
da greift uns der Juniwind unter die Flügel.«

Sie warteten auf den Wind, und dann
fingen die Mäuse zu fliegen an.
So sind sie endlich im hohen Bogen
über die Wiese zum Wald geflogen.

Dann flogen sie selig und voller Wonne
in ein Land gleich hinter der Morgensonne.
Und nur Bauer Busemann hat sie gesehn.
Er fand die Schmetterlingsmäuse sehr schön.

Wie Tuffi in die Wupper fiel

Es war einmal ein kleiner Elefant, der hieß Tuffi. Tuffi war ein Elefantenmädchen und war bei einem Zirkus und mußte Kunststücke machen: Walzer tanzen, auf zwei Beinen stehen und Trompete blasen. Aber manchmal kamen sehr wenig Leute in den Zirkus. Dann mußte der Zirkusdirektor sich etwas Besonderes ausdenken. Einmal sollte Tuffi mit der Straßenbahn fahren. Der Zirkusdirektor ging mit Tuffi in die Stadt – aber Tuffi wollte nicht in den Straßenbahnwagen. Tuffi wollte lieber im Sand spielen. Da nahm der Zirkusdirektor die Peitsche und sagte:

»Hauruck, batsch, bim
immer in den Kasten rin!«

Er haute Tuffi eins hinten drauf, und Tuffi mußte in den Straßenbahnwagen klettern. Die Leute staunten über den Elefanten in der Straßenbahn, und am Abend war der Zirkus wieder voll besetzt.

In der nächsten Stadt mußte Tuffi für die Maurer einen Kasten Bier auf den Bau schleppen. Aber Tuffi wollte wieder nicht. Tuffi wollte lieber durch ganz hohes Gras laufen. Da sagte der Zirkusdirektor:

»Hauruck, batsch, bim,
und der Kasten, der ist drin!«

und haute Tuffi wieder eins mit der Peitsche hintendrauf. So mußte Tuffi den Kasten Bier zu den Maurern in den Bau schleppen.

Eines Tages kam der Zirkus nach Wuppertal, und da gibt es eine Bahn, die hat die Räder auf dem Dach. Mit diesen Rädern hält sie sich an einem Eisengerüst fest, das zehn Kilometer lang ist. Und weil sie dann so über Wuppertal schwebt, heißt sie die Wuppertaler Schwebebahn.

»Wenn Tuffi mit der Schwebebahn fährt, ist das eine gute Werbung für den Zirkus«, sagte der Zirkusdirektor.

»Wenn Tuffi mit der Wuppertaler Schwebebahn fährt, ist das eine gute Werbung für die Wuppertaler Schwebebahn«, sagte der Wuppertaler Schwebebahndirektor.

Sie wurden sich schnell einig. Tuffi sollte in der Schwebebahn fahren, obwohl es sonst nicht einmal erlaubt war, einen Kanarienvogel, eine weiße Maus oder einen Hund in die Schwebebahn mitzunehmen. Aber hier machten die beiden Herren eine Ausnahme. Tuffi wurde natürlich gar nicht erst gefragt. Sie mußte mit einer Geldtasche zum Fahrkartenschalter laufen und fünfmal bezahlen, denn sie wog so viel wie fünf dicke Männer zusammen.

Aber Tuffi wollte wieder nicht. Sie stand vor dem Schwebebahnwagen und schüttelte den Kopf. Tuffi wollte viel lieber baden gehen. Da sagte der Zirkusdirektor wieder:

»Hauruck, batsch, bim,
immer in den Kasten rin!«

und haute Tuffi eins mit der Peitsche hintendrauf. Tuffi mußte wieder gehorchen, und die Wuppertaler Schwebebahn fuhr los.

Zuerst schwebte sie an ein paar Häusern vorbei. Die Leute guckten aus dem Fenster und wunderten sich, denn da saß ein Elefant in der Schwebebahn. Dann fuhr die Schwebebahn an Gärten vorbei. Die Kinder winkten Tuffi zu und liefen hinter der Schwebebahn her. Aber die fuhr immer schneller und fing an zu schaukeln. Tuffi bekam Angst und trompetete laut. Und dann passierte es: Als die Wuppertaler Schwebebahn langsam über die Wupper fuhr und Tuffi von oben das schöne Wupperwasser sah, sagte sie nur:

»Hauruck, batsch, baus,
immer aus dem Kasten raus!«

und drückte mit ihrer ganzen Elefantenkraft gegen den Wuppertaler Schwebebahnwagen. Es krachte, und Tuffi platschte von hoch oben in die Wupper hinein.

Die Leute in der Schwebebahn zitterten vor Schreck und dachten, Tuffi sei tot. Aber Tuffi hatte nur eine Schramme am Hintern und freute sich über das schöne Wupperwasser. Doch da kam auch schon der Zirkusdirektor in seinem wunderschönen hellen Sommeranzug angelaufen und schwang die Elefantenpeitsche. Diesmal sagte er nichts, er schnaufte nur. Da spritzte Tuffi ihn von oben bis unten naß.

Auch die Kinder kamen. Die waren froh, daß Tuffi noch gesund war, und sie verstanden ganz gut, daß auch ein kleiner Elefant nicht alles mit sich machen läßt.

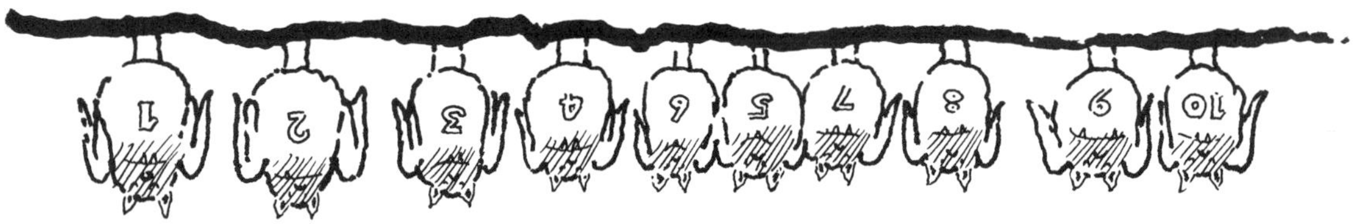

Zehn kleine Fledermäuse
flogen um die Scheun'.
Der einen wurde schwindelig,
da waren's nur noch neun.

Neun kleine Fledermäuse
flatterten durch die Nacht.
Die eine flog zu Dracula,
da waren's nur noch acht.

Acht kleine Fledermäuse
wollten Kegel schieben.
Die eine hat verschlafen und
da waren's nur noch sieben.

Sieben kleine Fledermäuse
ärgerten die Hex'.
Die Hexe, die hat zugegrabscht,
da waren's nur noch sechs.

Sechs kleine Fledermäuse
flogen in die Sümpf'.
Die eine hatte Angst davor,
da waren's nur noch fünf.

Zehn kleine Fledermäuse

Fünf kleine Fledermäuse
spielten mal Klavier.
Die eine flog vor Schreck weit weg,
da waren's nur noch vier.

Vier kleine Fledermäuse
kochten Käferbrei.
Doch eine wollte Himbeereis,
da waren's nur noch drei.

Drei kleine Fledermäuse
kloppten sich, auweih.
Da kam die Polizei gerannt,
da waren's nur noch zwei.

Zwei kleine Fledermäuse
hingen an 'ner Leine.
Die eine blieb, die andere flog,
und das war nur noch eine.

Eine kleine Fledermaus,
die tanzte Ramba Zamba.
Da kamen die andern neun dazu
und tanzten durcheinander.

Und wer sie jetzt noch zählen will,
der muß genau hinseh'n.
Sie flattern kreuz und quer herum,
doch sind es wieder zehn.

D
A
D
(1 + 3) Der Fuchs, der sitzt im tiefen Wald und jault und quiekt und singt.
Da guckt die Maus zum Loch heraus, weil das so komisch klingt.
G
D
A
D
(2 + 4) Der Fuchs sagt freundlich: »Sing doch mit! Ich kann nicht länger warten.« Und
G
D
A7
D
denkt bei sich: »Wenn's sonst nix gibt, schmeckt mir auch Mäusebraten.«

Der Fuchs, der sitzt im tiefen Wald

Der Fuchs, der sitzt im tiefen Wald
und jault und quiekt und singt.
Da guckt die Maus zum Loch heraus,
weil das so komisch klingt.

Der Fuchs sagt freundlich: »Sing doch mit!
Ich kann nicht länger warten.«
Und denkt bei sich: »Wenn's sonst nix gibt,
schmeckt mir auch Mäusebraten.«

»Sing du erst mal!« so sagt die Maus,
»ich hör's schon köstlich klingen,
wenn wir zusammen, Fuchs und Maus,
die schönsten Lieder singen.«

Der Fuchs, der sitzt vorm Mauseloch
noch stundenlang und singt.
Drin stopft die Maus die Ohren zu,
weil's gar zu komisch klingt.

Henne Hanna

*Sieben arme Hühner saßen
in dem Hühnerstall, dem engen.
Sieben arme Hühner mußten
sich darin zusammendrängen.*

*Aber eins, die Henne Hanna,
lief ganz still und heimlich weg
und fand bei der alten Mauer
ein vorzügliches Versteck.*

*Hanna sonnt' sich auf der Mauer.
Alles war für sie so neu.
Und sie legte ihre Eier
in ein Nest aus frischem Heu.*

*Sieben Mäuse fanden Ostern
in dem grünen, grünen Gras
bunte Ostereierschalen,
und sie machten damit was…*

*Henne Hanna hat gebrütet,
zwanzig Tage saß sie da.
Doch dann ging sie mal spazieren,
weil ihr einfach danach war.*

*Und da kamen sieben Mäuse.
Fünf von ihnen schlüpften fix
in die Ostereierschalen.
Henne Hanna merkte nix.*

*Und die kleinen Küken pickten
sich aus ihrem Eierhaus:
Ach, was sind denn das für Küken!
Ei, wie sehen die denn aus?*

*Henne Hannas Küken standen
da und staunten stumm und still.
Und in diese Stille piepte
eine Maus: »April, April!«*

Der Hamster als Segelflieger

Uli stand oben auf dem Berg und ließ sein Modellflugzeug kreisen. Er hatte einen Schaltkasten in der Hand, mit dem er das Flugzeug steuern konnte.

»Schade, daß niemand den schönen Flug genießen kann«, dachte er.

Aber Uli hatte einen Goldhamster. Der würde genau in die kleine Pilotenkanzel passen. Uli lief nach Hause, setzte den Hamster vorne ins Flugzeug, und dann ging's los.

Der Hamster hatte überhaupt keine Angst. Das Flugzeug zog wunderschöne Kreise über der Lahnebene.

»Sicher schaut sich der Hamster mit seinen schwarzen Knopfaugen jetzt die weite Landschaft an«, dachte Uli.

Aber da ließ sich das Flugzeug plötzlich nicht mehr lenken. Es kippte zur Seite ab, stürzte steil nach unten und blieb in einem großen Busch hängen.

Als Uli mit klopfendem Herzen zur Unglücksstelle rannte, schaute ihn der Hamster ganz ruhig mit seinen Knopfaugen an, als hätte er die sicherste Landung der Welt zustandegebracht. Dabei hatte er nichts anderes getan, als oben in der Höhe das Kabel für die Fernsteuerung durchgenagt. Auf die schöne Landschaft hatte er überhaupt nicht geachtet... der Hamster!

Die Himmelsmusik

Da waren einmal zwei Hirten, die saßen hoch in den Bergen und erzählten sich Geschichten. Und als sie alle Geschichten erzählt hatten, wußten sie nicht weiter.

»Ja, früher, da passierten noch wunderliche Dinge«, sagte der eine Hirte, der schon ziemlich alt war. »Aber heute ist jeder Tag wie der andere, und morgen ist es wieder dasselbe.«

So saßen sie und schauten schweigend ins Tal.

Aber plötzlich legte der Alte die Hand ans Ohr und machte die Augen zu.

»Hörst du nichts?« flüsterte er.

»Ist was los?« fragte der etwas jüngere. »Eine Prügelei im Dorf? Oder kommt wieder der Omnibus mit den Touristen?«

»Nein, es kommt von oben aus den Wolken«, flüsterte der Alte, »es klingt wie Musik, und als würden im Himmel die Engel singen.«

»Ich glaube, einer von uns beiden muß sich mal die Ohren waschen«, sagte der jüngere.

»Aber ich höre es ganz deutlich. Es sind Engel, die singen, und Trompeten und Trommeln und Geigen.«

Die zwei liefen ein Stück den Berg hoch und schauten in den Himmel. Doch in den großen, dichten Nebelwolken konnten sie nichts erkennen.

»Es gibt keine Engel«, sagte der jüngere, »wo sollen die denn da oben einkaufen gehen und ihre Kühe hüten? Aber verflixt noch mal, jetzt höre ich es auch!«

»Die Engel!« sagte der Alte wieder.

»Das klingt eher nach Südwestfunk«, sagte der jüngere. »Jetzt kann man es ganz genau hören.«

Es war, als würde die Musik im Himmel kreisen. Mal kam sie vom Rand der Wolken und mal mehr aus der Mitte her.

»Es ist wie ein Wunder. Aber wenn wir das erzählen, glaubt es uns keiner«, sagte der Alte.

»Aber ich habe es doch auch gehört«, sagte der jüngere.

So saßen sie mit staunenden Ohren da, bis die Musik in den Wolken immer leiser wurde und schließlich in der Ferne verklang.

»Eine Himmelsmusik war es schon«, sagte der jüngere. »Vielleicht ist es doch ein Wunder…«

Nun muß man wissen, daß etwa eine halbe Stunde vorher ein anderer Hirte sich weiter oben ins Gras gelegt hatte und eingeschlafen war. Ein Adler hatte ihn beobachtet und neben dem Hirten ein viereckiges Stück rotes Fleisch entdeckt. Geräuschlos flog er näher, stolzierte vorsichtig auf das viereckige Stück Fleisch zu, packte das rote Ding mit dem Schnabel und wollte wegfliegen. Aber, o Schreck, das Stück Fleisch war hart wie Dauerwurst und fing auch noch an zu sprechen und zu singen! Zuerst wollte es der Adler fallen lassen. Aber dann sah er, daß der Hirte immer noch schlief, und er flog mit dem singenden Stück Fleisch im Schnabel davon.

Der Adler begann in den Wolken zu kreisen und fühlte sich mächtig wie noch nie. Die Klänge aus seinem Schnabel schallten durch die Wolken bis zu den Bergtälern hinunter. Noch nie waren solche schönen Klänge aus einem Adlerschnabel gekommen, auch wenn das harte Fleisch wie alte Dachpappe schmeckte.

Als der Hirte erwachte, suchte er eine Weile herum und stieg dann ab. Er traf die beiden anderen Hirten, und sie hatten sich heute viel zu erzählen – ganz wunderliche Geschichten:

Der eine Hirte erzählte, daß die Räuber wieder in den Bergen wären. Sein Kofferradio sei verschwunden, ohne daß er etwas gemerkt hätte.

»Vielleicht war es auch eine Geisterhand«, sagte er, »denn weit und breit war kein lebendiger Mensch zu sehen.«

Die beiden anderen Hirten erzählten von der Himmelsmusik und zeigten, aus welcher Richtung die Musik gekommen war.

»Da kreist doch immer der große Steinadler«, sagte der erste Hirte.

Und dann fiel ihm etwas ein. Er lächelte verschmitzt und redete nicht weiter – und die Geschichten blieben so wunderlich, wie sie am Anfang gewesen waren.

Später erzählte man dann im Dorf von einem Adler, der einmal im Jahr oben in den Bergwolken herumfliegt, ganz eigenartig singt und mit seinen großen Flügeln eine so mächtige Musik macht wie Trompeten, Trommeln und Geigen zusammen.

Wem gibt der Elefant die Hand?

* Basstöne auf der Gitarre, die in den Pausen gespielt werden.

Der Elefant kommt angerannt
und gibt dem Krokodil die Hand.
Das tanzt und wackelt mit dem Bauch
und sagt zum Nilpferd: »Komm, tanz auch!«

Das Nilpferd tanzt. Es dröhnt und kracht.
Schon hat der Tiger mitgemacht.
Der Tiger tanzt auf einem Bein
und gibt die Hand dem Borstenschwein.

Das quiekt und grunzt und ist vergnügt,
weil es der Affe weiterzieht.
»Komm, mach mit, es ist nicht schwer!«
sagt der Affe zu dem Bär.

Und der greift mit der Bärenpratze
nach der weichen Panthertatze.
Der Panther kommt fast aus dem Takt,
als ihn von rechts der Esel packt.

Der Esel springt. Es wippt sein Schwanz.
Der Fuchs schleicht ran und guckt und tanzt.
Zusammen rum und kunterbunt!
Der Fuchs gibt seine Hand dem Hund.

Doch jemand fehlt bestimmt noch hier.
Wem gibt der Hund die Hand? –
Na, dir!

Spielvorschlag

Das Kind, das den Elefant spielt, läuft um die anderen Kinder herum, die im Kreis sitzen und die Tiere, die im Lied vorkommen, spielen. Es ist gut, wenn man dazu das Lied sehr langsam singt.

Nach den ersten zwei Zeilen des Liedes fangen die Kinder im Kreis an, die Laute und Bewegungen ›ihres‹ Tieres nachzumachen. Jetzt muß der ›Elefant‹ herausfinden, welches Kind das ›Krokodil‹ ist. Hat er es gefunden, tanzen sie zu zweit weiter. Dann suchen Elefant und Krokodil das nächste Tier, bis alle Tiere dabei sind. Am Schluß machen dann alle Kinder mit, die im Raum sind.

Natürlich kann man die Figuren auch auswechseln. Dann kommt zum Beispiel so etwas heraus:

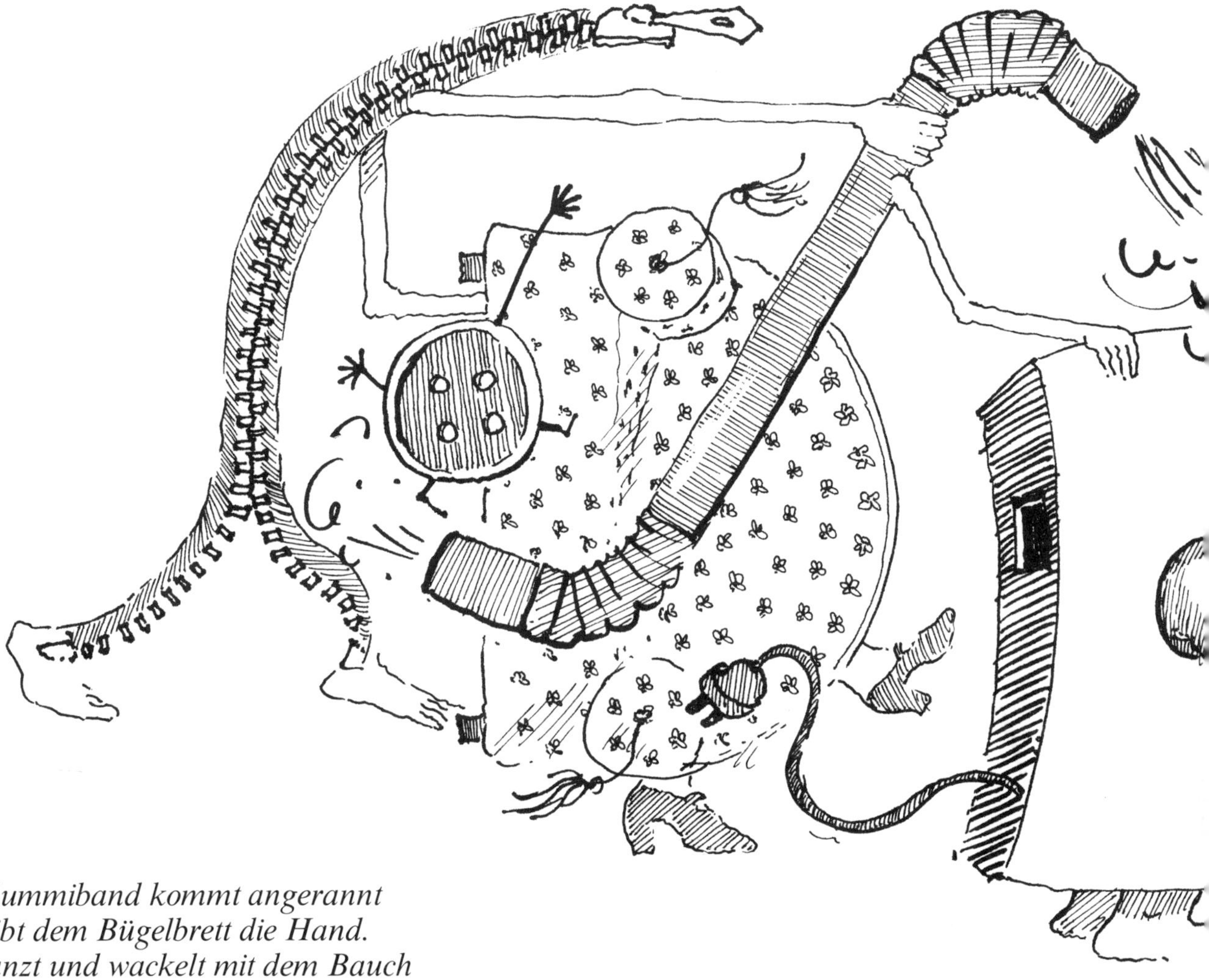

Das Gummiband kommt angerannt
und gibt dem Bügelbrett die Hand.
Das tanzt und wackelt mit dem Bauch
und sagt zum Nachttopf: »Komm, tanz auch.«

Der Nachttopf tanzt. Es dröhnt und kracht.
Schon hat der Teppich mitgemacht.
Der Teppich tanzt auf einem Bein
und gibt die Hand dem Gänseklein.

Das schnattert rum und ist vergnügt,
weil es der Eisschrank weiterzieht.
Der Eisschrank tanzt, und zwar recht gut,
er gibt die Hand dem Fingerhut.

Die Polterparty

Und der will endlos weiterschwofen
und holt dazu den Kachelofen.
Und der verschwand am Ende doch.
Ich glaub, es war durchs Schlüsselloch.

Das Ofenrohr steht plötzlich Kopf,
tanzt Tango mit dem Hosenknopf.
Und wer mit dem wohl tanzen muß?
Na klar, das war der Reißverschluß.

Der Fingerhut kommt aus dem Takt,
weil ihn von rechts das Sofa packt.
Das Sofa tanzt nur zwei Schritt vor
und weiter mit dem Ofenrohr.

Die Adlergeschichte

Es waren einmal eine Adlerin und ein Adler, die hatten beide scharfe Krallen, große Schnäbel und mächtige Flügel. Ihr Nest war auf einem sehr hohen Baum im Gebirge.

Eines Tages legte die Adlerin ein dickes, weißes, rundes Ei. Als sie mit Brüten fertig war, platzte das dicke, weiße, runde Ei, und in den Eierschalen saß ein dicker, kleiner, schwarzer Adler. Der krähte wie ein Hahn im Stimmbruch und sah aus wie ein altes, nasses Huhn. Trotzdem fand die Adlerin den dicken, kleinen, schwarzen Adler schön.

»Wie sieht denn der aus?« sagte der Adler.

»So wie du, als du klein warst!« sagte die Adlerin.

»Das stimmt nicht«, sagte der Adler. »Ich hatte gleich einen mächtigen Schnabel und sehr scharfe Krallen.«

»Warten wir, bis er fliegen kann!« sagte die Adlerin.

So verging die Zeit.

Als der dicke, kleine, schwarze Adler flügge war, setzte er sich auf den Nestrand und hatte große Angst. Er war ein herzallerliebster dicker, kleiner, schwarzer Feigling und machte seine Flugübungen lieber mitten im Nest. Aber gerade als seine Eltern weg waren, kam ein Wind und wehte den dicken, kleinen, schwarzen Adler aus dem Nest heraus. Zuerst purzelte er durch die Luft wie ein wildgewordenes Handtuch, dann flatterte er wie eine Fledermaus, dann flog er wie ein Rabe und schließlich segelte er wie ein richtiger Adler durch die Lüfte. Aber weil er keine Kurven fliegen konnte, flog er immer geradeaus und immer weiter weg. Er kam in flaches Land. Die einzigen Erhebungen, die es da gab, waren die Maulwurfshaufen und die Kühe. Endlich landete der dicke, kleine, schwarze Adler auf dem höchsten Maulwurfshaufen.

Nicht weit davon saß ein Mädchen im Gras. Sie hatte schon drei Zeichenblöcke vollgemalt und immer noch viel Farbe übrig.

»Du kommst mir gerade recht«, sagte sie zu dem dicken, kleinen, schwarzen Adler und malte ihn von oben bis unten mit den wasserfesten Farben bunt an. Sie tat das mit soviel Liebe, daß die Adlerfedern aussahen, als seien sie schon immer bunt gewesen.

»Ach, du meine Güte«, dachte der dicke, kleine, schwarze Adler. »Jetzt bin ich bunt wie ein Regenbogen und gar kein richtiger Adler mehr!«

Aber er gewöhnte sich ganz schnell daran, wie ein dicker, kleiner, bunter Papagei auszusehen.

»Einen Papagei habe ich mir schon immer gewünscht«, sagte das Mädchen und nahm ihn mit nach Hause. »Habe ich nicht einen schönen Vogel?« sagte sie zu ihren Eltern.

»Was ist denn das für ein Vogel?« sagte der Vater.

»Ein besonders schöner Papagei«, sagte das Mädchen.

»Aber wieso hat der einen so großen Schnabel?« fragte der Vater.

»Es ist ein Großschnabelpapagei«, sagte das Mädchen.

»Und wieso hat der so große Krallen?« fragte die Mutter.

»Es ist eine besondere Art«, sagte das Mädchen, »so eine Art Großkrallenschnabelpapagei. Aber noch ein ganz junger.«

Nach langem Hin und Her durfte das Mädchen den eigenartigen Papagei behalten. Aber er rührte das beste Papageienfutter nicht an. Am ersten Tag holte er sich heimlich den Sonntagsbraten aus der Pfanne, am nächsten Tag das Gehackte aus dem Einkaufskorb und schließlich die Würstchen aus dem Kochtopf.

»Das wird zu teuer«, sagte der Vater. »Der Kerl muß zu den Hühnern, Bescheidenheit lernen.«

Aber der dicke, kleine, bunte Adler wurde nicht bescheiden. Er vertrieb den Hahn vom Mist und setzte sich selber drauf.

»Ist der aber schön bunt«, sagten die Hühner.

Da wurde der dicke, kleine, bunte Adler noch stolzer. Am nächsten Tag wollte er die Hühner wecken, wie es der alte Hahn immer getan hatte. Er schrie aus Leibeskräften. Aber die Hühner dachten nur, das Hoftor quietscht, und schliefen weiter. Als die Hühner endlich wach waren, schrie der dicke, kleine, bunte Adler noch einmal, und da lachten alle Hühner, daß sie fast von der Stange fielen. Der dicke, kleine, bunte Adler saß auf dem Misthaufen und schämte sich.

»Was für ein schöner, seltsamer Vogel«, sagte ein Zoodirektor, der zufällig vorbeikam. »Aber er sieht sehr traurig aus, und sicher hat er bei den Hühnern kein leichtes Leben. Ich nehme ihn mit in den Zoo. Da hat er gute Gesellschaft.«

Der Zoodirektor setzte ihn zuerst in den Papageienkäfig. Aber die anderen Papageien hatten Angst vor seinem großen Schnabel, und deshalb kam er in den Adlerkäfig.

»Zieh erst mal deinen bunten Kittel aus!« sagten die anderen Adler zu ihm.

»Ich bleibe, wie ich geworden bin«, sagte der dicke, kleine, bunte Adler.

»Du bist kein Adler, du bist ein Firlefanz«, sagten die anderen Adler.

Da wurde der dicke, kleine Adlerpapagei sehr traurig, und er ist bei der ersten besten Gelegenheit abgehauen. Hoffentlich ist er irgendwo hingekommen, wo er leben konnte, wie er wollte, und wo niemand ihn fragte, ob er nun ein Adler ist oder ein Papagei.

Onkel Kaninchen als Blätterkönig

Im ganzen Wald war keiner so frech wie Onkel Kaninchen.

Es gab kaum ein Tier, dem Onkel Kaninchen nicht schon einmal einen Streich gespielt hatte.

»Er hat mich ins Wasser geschubst, und ich bin doch so wasserscheu«, sagte das Schwein.

»Er hat mich den Abhang runtergerollt, und ich werde doch so schnell schwindelig«, sagte die Schildkröte.

»Er hat mich ausgelacht, und ich bin doch der Allerstärkste«, knurrte der Tiger.

»Wir müssen Onkel Kaninchen einfangen, und dann bekommt er seine Strafe«, sagte das Schwein.

Aber niemand wußte, wo Onkel Kaninchen gerade war. Da fiel der Schildkröte ein, daß sie Onkel Kaninchen an einer bestimmten Stelle am See getroffen hatte. Er hatte am Wasser gesessen und getrunken: zuerst ein bißchen gesüffelt, dann lange und laut geschlürft, und schließlich zufrieden geschmatzt. Die drei Tiere liefen zu der Stelle und versteckten sich. Die Vögel am Seeufer hörten auf zu singen, solche Angst hatten sie vor dem Tiger.

Es dauerte nicht lange, da sahen die drei Onkel Kaninchen aus dem Wald herauskommen. Aber Onkel Kaninchen blieb plötzlich stehen.

»Wo die Vögel nicht singen, soll man nicht trinken«, sagte er und lief zurück.

Da sah er auf dem Weg einen wunderschönen Hirschlederschuh liegen. Onkel Kaninchen sagte:

»Ist der Schuh auch noch so schön,
mit einem Schuh kann man nicht gehn!«

und lief weiter. Hinter der nächsten Wegbiegung fand er den zweiten Schuh. Als Onkel Kaninchen sich noch über den zweiten Schuh freute, kam ein Bauer mit einem Honigtopf unter dem Arm den Weg entlang.

»Da kommt ein Topf mit meiner Lieblingsspeise angewandert«, sagte Onkel Kaninchen, und er überlegte, wie er den Honigtopf ergattern könnte. Onkel Kaninchen wartete nicht lange. Er sprang ins Gebüsch, lief zurück und versteckte sich, wo der andere Schuh war.

Als der Bauer den wunderschönen Hirschlederschuh auf dem Weg liegen sah, sagte er:

»Ist der Schuh auch noch so schön,
mit einem Schuh kann man nicht gehn!«

und ging weiter. Doch als er hinter der nächsten Biegung den anderen Schuh fand, freute er sich und sagte:

»Doch findet man zwei
und kann darin laufen,
braucht man sich keine
Schuhe zu kaufen.«

Er ließ seinen Honigtopf mitten auf dem Weg stehen und lief zurück, den anderen Schuh zu holen.

Da schnappte sich Onkel Kaninchen den Honigtopf und verschwand im Wald. Er schleckte, bis der Topf halb leer war, und dann schmatzte er vergnügt. Schließlich schmierte er sich den Rest vom Honig auf den Bauch, auf die Beine und auf den Kopf. Dann wälzte er sich in den Blättern auf dem Waldboden, und als Onkel Kaninchen wieder aufstand, hatte er ein prächtiges Blätterkleid an und einen wunderbaren Blätterhut auf. So lief er zum Seeufer zurück, wo der Tiger, das Schwein und die Schildkröte immer noch im Gebüsch saßen und lauerten.

»Wer kommt da oben?« fragte der Tiger.

»Jemand in einem prächtigen Blätterkleid«, sagte das Schwein.

»Und er hat eine Blätterkrone auf«, sagte die Schildkröte.

»Das muß der Blätterkönig sein, und wir müssen ihm die Ehre erweisen!« sagte der Tiger.

Da traten die Tiere aus ihren Verstecken heraus und verneigten sich tief. Der Blätterkönig aber stieg zum See herab und trank.

Zuerst süffelte er nur ein bißchen. Dann schlürfte er lange und laut. Und zum Schluß schmatzte er zufrieden.

Als der Blätterkönig wieder im Wald verschwunden war, sagte die Schildkröte: »Irgend etwas hat mich an Onkel Kaninchen erinnert!«

»Aber ich sage: Es ist der Blätterkönig!« knurrte der Tiger. Und weil der Tiger der stärkste ist, sitzen die Tiere noch heute im Wald und warten auf Onkel Kaninchen, der in Lebensgefahr Wasser getrunken hat und trotzdem lebendig und frei geblieben ist.

Nach einem Tiermärchen aus Nicaragua

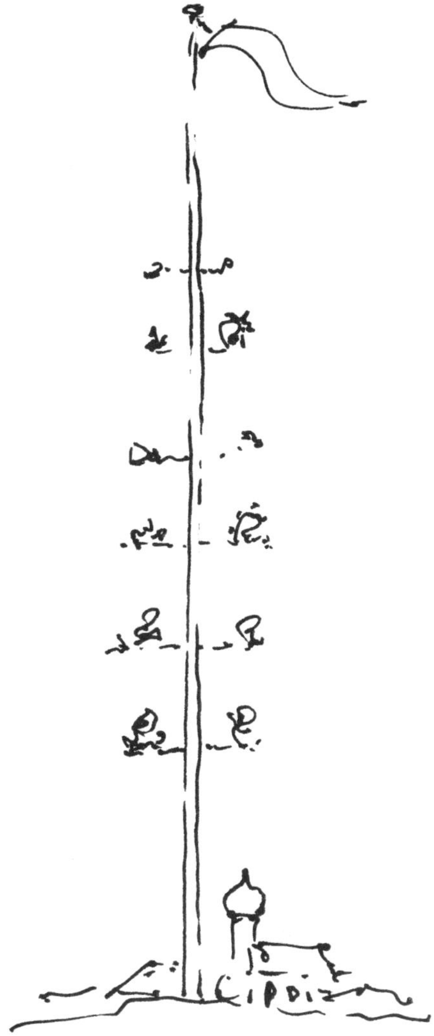

Der Bauer ist zu träge,
die Katze ist zu klein,
drum tanzt die Leni Cha Cha Cha
mit ihrem Lieblingsschwein.

Das scheintote Eichhörnchen

Natürlich war das Eichhörnchen nicht tot, aber trotzdem habe ich zuerst einen Schreck bekommen. Als ich gestern Abend in mein Zimmer kam, war es dunkel. Ich wollte die Bettdecke hochschlagen und mich ins Bett legen. Da fasse ich in etwas Warmes, Wuscheliges – mir hat die Hand gezittert, als ich das Licht anmachte:

Mitten in meinem Bett lag ein Eichhörnchen und schlief! Manchmal schnarchte es sogar! Ich habe ihm neben meinem Bett ein Nest gebaut, aber am nächsten Morgen war es verschwunden. Ich habe überall in meinem Zimmer herumgesucht – und da habe ich gemerkt, daß alle Weinbrandbohnen aus der Pralinenschachtel ausgenuckelt waren. Na, jetzt wußte ich, warum das Eichhörnchen so fest in meinem Bett geschlafen hatte! Sicher sitzt es jetzt auf seiner alten Eiche und hat einen Kater!

Das Wunder am Bach

Es war einmal ein Mann, der hieß Karl Krause. Er war ins Dorf gezogen, als er schon alt war. Vorher hatte er in der Stadt gewohnt und Autos repariert.

Als er ins Dorf kam, merkte er, daß viele Männer hier Karl hießen. Man konnte sich auf die Dorfstraße stellen und laut »Karl« rufen. Dann guckte aus jedem dritten Haus einer raus.

Die Leute redeten wenig mit Karl Krause. Er war ein Fremder, und sie waren fast alle untereinander verwandt. Nur den Nachbarn Gustav kannte er gut. Gustav war Sonntagsangler und erzählte immer vom Angeln. Karl Krause saß auch stundenlang am Bach, aber er hatte nicht einmal eine Angel in der Hand. Er hörte auf das Plätschern, Glucksen und Flüstern des Baches, und der Bach hatte tatsächlich viel zu erzählen. Manchmal glitzerte er in der Sonne. Manchmal war er so ruhig, daß man die Spiegelbilder der Wolken in ihm sehen konnte. Und manchmal kamen die Spatzen und machten ein Badefest im flachen Uferwasser. Dann war der Bach wie lebendig und machte kleine kruselige Wellen, als müßte er kichern. Aber manchmal war der Himmel grau, der Bach machte ein trübes Gesicht, und Karl Krause war auch traurig. Wenn ihn dann der Nachbar Gustav fragte:

»Na, wie war's heute wieder?«, wußte er nicht, was er sagen sollte. Oder sollte er einfach etwas erfinden? Einen fingerlangen feuerroten Fisch vielleicht oder einen blaublitzenden Bachvogel? Aber wer würde das schon glauben! Manchmal war einfach nichts los am Bach.

Doch eines Tages sah er hinten über dem Bach ein bläuliches Blitzen. Es war etwas Geheimnisvolles. Etwas, was er vorher noch nie gesehen hatte. Am nächsten Tag ging Karl Krause wieder an den Bach. Er lief ein Stück bachaufwärts, setzte sich hinter einer Biegung ans Bachufer und wartete. Diesmal sah er es deutlicher. Es war ein bläuliches Blitzen mit rotem Schimmern dazwischen, und es flatterte über dem Bach und bewegte sich trotzdem nicht von der Stelle. – War das ein Vogel? Er war bunter als ein Buntspecht und leuchtete wie ein bläuliches Blitzlicht. Vielleicht war es ein Geister- oder ein Zaubervogel? Ein Vogel, der goldene Eier legt und sich nachts in einen Geist verwandelt?

Eigentlich wollte Karl das Geheimnis für sich behalten. Aber dann erzählte er doch dem Angler Gustav von dem bläulichen Blitzen. Gustav wollte das Geheimnis auch für sich behalten. Aber dann erzählte er es doch seiner Frau. Die wollte es auch für sich behalten. Aber dann erzählte sie es doch dem Friseur. Bald wußte es die Frau aus dem Lebensmittelladen und dann schließlich das ganze Dorf. So wurde aus dem bläulichen Blitzen

ein Zaubervogel,
aus dem Zaubervogel
ein fliegendes Feuerchen,
aus dem fliegenden Feuerchen
ein Kugelblitz,
und aus dem Kugelblitz
ein seltsames Irrlicht.

»Es spukt am Bach«, sagte Oma Weißbinder, und sie erzählte den Kindern Geschichten, daß es ihnen kalt den Rücken runterlief. Manche trauten sich deshalb nicht mehr an den Bach. Aber andere wurden umso neugieriger. Außerdem hatte Karl Krause das bläuliche Blitzen am hellichten Tage gesehen, und zwar um die Mittagszeit. Da wurden auch die Erwachsenen neugierig. Am nächsten Tag war als erster der Angler Gustav am Bach. Dann kamen die übrigen Leute aus der Nachbarschaft und auch zwei Maurer, die gerade Mittagspause hatten. Von der Bushaltestelle waren einige gekommen, die gar nicht wußten, was los war. Aber wo Leute sind, muß schon was sein. Deshalb setzten sie sich auch an den Bach und warteten. Karl Krause war stolz. Alle würden jetzt das Wunder sehen, und er hatte es als erster entdeckt. Aber der Bach sah aus wie sonst, und es passierte nichts. Die Leute warteten und warteten. Dann gingen die Maurer zurück an ihre Arbeit. Die Kinder ließen auf dem Bach Schiffchen schwimmen.

»Man darf eben nicht jedem glauben!« sagte die Postfrau und ging.

»Der hat doch 'n Piep!« sagte der alte Weißbinder und ging auch.

Nach und nach gingen alle. Karl Krause wartete noch eine Weile. Dann ging er traurig und allein nach Haus.

Aber eines Tages machte er sich doch wieder auf den Weg und ging bachaufwärts. Und da sah er das bläuliche Blitzen wieder ganz deutlich und wußte jetzt auch, daß es ein Vogel war. Ein blaurötlich schimmernder Vogel. Der Vogel flatterte über dem Bach, ohne sich von der Stelle zu rühren. Aber dann passierte etwas Schreckliches: Der Vogel stürzte kopfüber in die Tiefe. Karl Krause hielt den Atem an. Dann lief er zu der Stelle, wo der Vogel ins Wasser gestürzt war. Er sah keinen Vogel. Aber als er genauer ins Wasser blickte, sah er an der Stelle, wo der Vogel verschwunden war, einen großen graugrünen Fisch mit roten Flossen. Es war wirklich ein Wunder. Der Vogel hatte sich in einen Fisch verwandelt. Daran gab es keinen Zweifel.

Aber ein paar Tage später entdeckte Karl Krause den Vogel wieder, und diesmal verschwand er in einem Mauseloch in der Uferböschung. Jetzt war er sich seiner Sache ganz sicher und erzählte der Postfrau davon und dem Friseur. Aber alle lachten ihn aus: Ein Vogel kann sich nicht ins Wasser stürzen und in einen Fisch verwandeln. Und außerdem: Vögel wohnen in Nestern und nicht in Mauselöchern.

Immerhin sagte der Angler Gustav, daß er einen solchen Fisch schon einmal gesehen habe. Sogar einen noch viel größeren. Aber die anderen Leute glaubten Karl Krause nichts mehr.

Eines Tages saß ein rothaariges Mädchen auf der Bank am Bach. Karl Krause setzte sich neben das Mädchen und sagte: »Gestatten, kleines Fräulein!«

»Bäh!« sagte das Mädchen.

»Du warst noch nicht oft hier?«

»Nein«, sagte das Mädchen trotzig. »Ich bin auch nicht von hier, und wo ich früher gewohnt hab, da war's viel schöner. Hier ist doch überhaupt nichts los!«

»Ich muß ihr von dem Vogel erzählen«, dachte Karl Krause, »dann wird sie staunen.«

»Bist du der Opa mit dem Vogel?« fragte das Mädchen.

»Wie meinst du das mit dem Vogel?«

»Ich meine den Zaubervogel, den noch niemand gesehen hat.«

»Sicher glaubst du das nicht. Aber der Vogel kann sich ins Wasser stürzen und in einen Fisch verwandeln. Außerdem kann er in Mauselöcher kriechen.«

»Alles Märchen!« sagte das Mädchen.

»Dann komm doch mit. Vielleicht haben wir Glück und sehen den Vogel. Er ist nämlich sehr scheu.«

Und so sind sie schließlich zusammen den Bach entlang gelaufen, und nach einer Weile wollte Karl Krause umkehren.

»Aber ich noch nicht!« sagte das Mädchen. Und da plötzlich sahen sie den Vogel. Er war so schön, daß beide nur dastanden und staunten. Es war ein Zaubervogel, ein blauer Feuervogel, der den Bach entlangflog, immer kleiner wurde und schließlich hinter einer Biegung verschwand.

»Vielleicht legt er goldene Eier und kann schöner singen als eine Nachtigall!« sagte das Mädchen. »Und es ist der schönste Vogel der Welt!«

Einige Zeit später ist das Mädchen mit seinen Eltern wieder in die Stadt gezogen, und sie war sogar ein bißchen traurig, als sie aus dem Dorf weg mußte. Karl Krause war wieder oft allein, sogar an seinem Geburtstag. Er wollte gerade den Fernseher anmachen, da klingelte es. Als er die Tür aufmachte, hielt ihm der Postbote einen großen Umschlag entgegen. Da war ein Bild drin. Auf dem sah man Karl Krause mit einem wunderschönen Vogel auf dem Kopf.

»Wunderbar«, sagte Karl Krause. »Genau das ist er!«

Und er freute sich, daß er einen Vogel, eine Freundin und Geburtstag hatte.

Bei dem
Birnbaum in den Feldern

Bei dem Birnbaum in den Feldern
steht ein altes Backsteinhaus.
Und da schaute alle Tage
Opa Knesebeck heraus.

Doch der Opa ist verschwunden
aus dem alten Backsteinhaus.
Nur sein Hund guckt alle Tage
aus dem Kellerfenster raus.

Doch der Hund, der ist verschwunden
aus dem alten Backsteinhaus.
Jetzt guckt aus der Bodenluke
manchmal eine Katze raus.

Doch die Katze ist verschwunden
aus dem alten Backsteinhaus.
Durch die großen, schiefen Fenster
schaut jetzt niemand mehr heraus.

Und da ist der Wind gekommen
in das alte Backsteinhaus.
Weht von vorn zur Tür herein und
aus dem Gartenfenster raus.

Schon weht er durch alle Räume,
unten quietscht die Kellertür.
Ja, das alte Backsteinhaus –
so pfeift der Wind – gehört jetzt mir.

Doch der Wind ist nicht alleine
in dem alten Backsteinhaus.
Denn tief in der Speisekammer,
da wohnt Geraldine – die Maus.

Das Geraldine-Spiel

Vorbereitung

Geraldine und die Mauseflöte, das Bilderbuch von Leo Lionni, könnt ihr gut als Schattenspiel aufführen. Dazu braucht ihr eine Leinwand und eine Lampe als Lichtquelle. Die Figuren müssen sich dann so bewegen, daß sie von hinten ihre Schatten auf die Leinwand werfen.

Die Mäusefiguren schneidet ihr euch groß aus Pappe. Der Käse und die große Käsemaus werden extra ausgeschnitten. Für Geraldine braucht ihr noch mal eine Extrafigur, wenn sie auf ihrer Schwanzspitze flötet.

Damit man mit den Figuren besser hantieren kann und damit man beim Vorspielen die Hände nicht sieht, solltet ihr einen Halte-Stock von hinten an die Figuren kleben. Das kann ein Stück Tapezierleiste sein, ein schmales Brettchen oder etwas Ähnliches.

An Stelle des Schattenspiels kann man die Figuren auch direkt einsetzen, also wie Stabpuppen in einem Puppentheater. Oder man kann das Ganze spielen wie das Frederick-Spiel (Seite 13 ff). Überlegt selbst, welche Spielform euch am meisten Spaß macht!

Natürlich ist es auch hier wieder am einfachsten, das Spiel parallel zu der laut vorgelesenen Geschichte aufzuführen und die Geraldine-Lieder von der Platte ablaufen zu lassen und mitzusingen, oder selber zu singen. Ihr macht mit den Schattenfiguren oder Stabpuppen die Bewegungen und könnt die einzelnen Szenen weiter ausspielen. Ihr beginnt mit dem Lied vom alten Backsteinhaus.

Spielanleitung

Geraldine

von Leo Lionni

Hier machen einige von euch die Geräusche – und Geraldine überlegt und sagt dann, welche Geräusche es sind. Ihr könnt auch andere Geräusche dazuerfinden (Motor, eine Glocke, eine Pfeife).

Geraldine riecht etwas. Es riecht sehr gut. Sie schnuppert überall herum.
Sie findet den Käse und beschnuppert ihn. Wenn ihr mit Stabpuppen oder selber die Mäuse spielt, könnt ihr als Käse einen großen Karton gelb anmalen und Löcher hineinschneiden.
Geraldine untersucht den Käse, versucht ihn wegzuschieben, läuft drumherum, versucht hinaufzuklettern… Sie versucht, den Käse hochzuheben, schafft es aber nicht. Diese Stelle kann man auch anders spielen: Geraldine holt zuerst ihre beste Freundin – aber zu zweit geht es auch nicht. Sie holen noch eine Maus dazu, noch eine, noch eine… Erst als alle anpacken, klappt es. Tiptiritip, tiptiritip, singen die Mäuse immerzu, während sie zum Käse laufen.
Jetzt kommt das Lied »Ei, potzblitz, da stand ein Käse« (Seite 58).

Das Spiel geht jetzt an einer anderen Ecke der Bühne oder des Raumes weiter. Auch die anderen Mäuse nagen mit. Die Schmatz- und Freßgeräusche könnt ihr sicher gut machen!

Geraldine hatte noch nie in ihrem Leben Musik gehört. Geräusche… ja! Viele Geräusche sogar: Türenklappen, Hundebellen, Wasserrauschen, die Stimmen der Menschen, das Maunzen der Katzen im Hof und natürlich das zarte Piepsen der Mäuse. Aber Musik… noch nie.

Dann, eines Morgens…

In der Speisekammer des leeren Hauses, in dem Geraldine lebte, entdeckte sie ein riesiges Stück Parmesankäse. Niemals zuvor hatte Geraldine einen so großen Käse gesehen. Neugierig knabberte sie ein Stückchen ab. Es schmeckte köstlich.

Würde sie es schaffen, den Käse in ihr heimliches Versteck in der Scheune zu bringen?

Sie lief zu ihren Freunden, die eine Tür weiter wohnten, und erzählte ihnen von ihrer Entdeckung.

»Wenn ihr mir helft, den Käse in mein Versteck zu schleppen«, sagte sie, »werde ich jedem ein großes Stück geben.«

Ihre Freunde mochten Käse sehr gern und ließen sich nicht lange bitten.

»Auf geht's!« riefen sie und liefen mit.

»Unglaublich!«, »Riesig!«, »Gewaltig!«, »Fantastisch!« jubelten die Mäuse, als sie den Käse sahen.

Sie fingen an zu ziehen, zu zerren und zu schieben, und so schafften sie es schließlich, den Käse in Geraldines Versteck zu bringen. Dort kletterte Geraldine hoch auf den Käse hinauf. Sie grub ihre kleinen Zähne in den Käse und nagte nach und nach Brocken für Brocken ab.

Ihr könnt im Schattenspiel die Käsemaus sehr schön aus dem Käse herauskommen lassen. Der Käse verschwindet langsam nach unten, und die Käsemaus wird nach oben aus dem Käse herausgeschoben.

Spielt ihr die Geraldine wie das Frederick-Spiel, setzt ihr jemanden als Maus verkleidet mit einer Flöte in den großen Karton. Laßt einen Erwachsenen als Riesenmaus mitspielen, der sich allmählich aus dem Karton in die Höhe streckt und natürlich Flöte spielen muß.

Während ihre Freunde die Käseschätze wegschleppten, schaute Geraldine voll Erstaunen auf das Loch, das sie in den Käse genagt hatte. Sie sah zwei riesige Ohren... Käseohren.

Kaum waren ihre Freunde weg, ging sie wieder an die Arbeit. So schnell sie konnte, knabberte sie an dem Käse weiter.

Als sie bis zur Hälfte fertig war, kletterte sie hinunter, um sich anzusehen, was sie freigenagt hatte.

Was sie sah, war unglaublich. Die Ohren gehörten zu einer riesigen Maus aus Käse, die erst halb sichtbar war. Vor ihre gespitzten Lippen hielt sie eine Flöte.

Geraldine nagte und nagte, bis sie schließlich die Maus ganz freigenagt hatte.

Da merkte sie, daß die Flöte in Wirklichkeit die Schwanzspitze der Riesenmaus war. Überrascht, erschöpft und ein wenig verschreckt starrte Geraldine auf die riesige Figur aus Käse. Dann schlief sie beim letzten Schimmer der Abendsonne ein.

Die geheimnisvollen Töne macht ihr zuerst auf einem Stück Gartenschlauch, oder indem ihr auf leeren Flaschen blast, oder mit Tröten. Allmählich kommen melodische Instrumente, Flöten, Triangel, Schellen dazu, die Töne werden immer schöner, und es wird richtige Musik daraus.

Plötzlich wurde sie von geheimnisvollen Tönen geweckt. Sie schienen von der Mauseflöte zu kommen. Geraldine sprang hastig auf ihre Hinterbeine. Die Töne wurden klarer und melodischer, je dunkler sie wurden. Schließlich schien es ihr, als würden sie wie Fäden aus Silber und Gold durch die Luft schwingen. Noch niemals in ihrem Leben hatte Geraldine etwas so Schönes gehört.

»Musik!« dachte sie, »das muß Musik sein!«

Sie lauschte die ganze Nacht, bis die ersten Sonnenstrahlen durch die staubigen alten Fensterscheiben leuchteten.

Als das Sonnenlicht die Riesenmaus nach und nach überflutete, wurde die Musik leiser und verklang schließlich ganz.

»Spiel doch! Spiel!« bettelte Geraldine. »Spiel weiter!«

Aber kein einziger Ton kam aus der Flöte.

»Wird sie jemals wieder spielen?« dachte Geraldine und knabberte an ein paar Käsekrümeln, die noch herumlagen.

Der nächste Abend brachte die Antwort auf ihre Frage. Die schönen Töne erklangen in der Abenddämmerung zuerst ganz leise, und dann klangen sie weiter bis zum Tagesanbruch. Nacht für Nacht machte der Mauseflötenspieler Musik für Geraldine. Mit der Zeit lernte sie, die Melodien

Geraldine hat jetzt gelernt, wie man Musik selber macht, auch wenn es nicht gleich so gut klappt. Ihr auch? Vielleicht nehmt ihr am Schluß alle verschiedene Instrumente und begleitet das Schlußlied, das alle zusammen singen: »Ein solcher Käse« (Seite 58).

wiederzuerkennen, sogar tagsüber klangen sie noch in ihren Ohren.

Aber dann traf sie eines Tages ihre Freunde auf der Straße. Sie waren verzweifelt.

»Geraldine«, sagten sie, »wir haben nichts mehr zu essen, und nirgendwo können wir was finden. Du mußt deinen Käse mit uns teilen!«

»Aber das ist ausgeschlossen!« rief Geraldine.

»Warum?« fragten die andern ärgerlich.

»Weil ..., weil ..., weil ...,weil Musik in ihm ist!«

»Was ist das, Musik?« fragten sie alle durcheinander.

Einen Augenblick stand Geraldine da und dachte nach. Dann machte sie einen Schritt zurück, hob feierlich ihr Schwanzende an die gespitzten Lippen, atmete tief ein und blies. Sie blies aus Leibeskräften. Aber es war nur ein Prusten, Piepsen und Zischen zu hören. Ihre Freunde lachten, bis ihre hungrigen kleinen Bäuche wehtaten.

Aber dann löste sich ein langer, weicher, wunderschöner Flötenton von Geraldines Lippen, und eine Melodie, wie die Käsemaus sie geblasen hatte, klang in den Lüften. Die kleinen Mäuse ringsum hielten vor Staunen den Atem an. Andere Mäuse kamen hinzu, um das Wunder zu hören.

Als die Melodie verklungen war, flüsterte Gregori, die älteste Maus: »Wenn das Musik ist, Geraldine, dürfen wir diesen Käse nicht essen!«

»Im Gegenteil«, sagte Geraldine glücklich. »Jetzt können wir den Käse essen, denn ... jetzt ist die Musik in mir.«

Alle folgten ihr zur Scheune, und während Geraldine die fröhlichsten Melodien flötete, füllten sie ihre kleinen Bäuche mit Käse, bis sie satt und zufrieden waren.

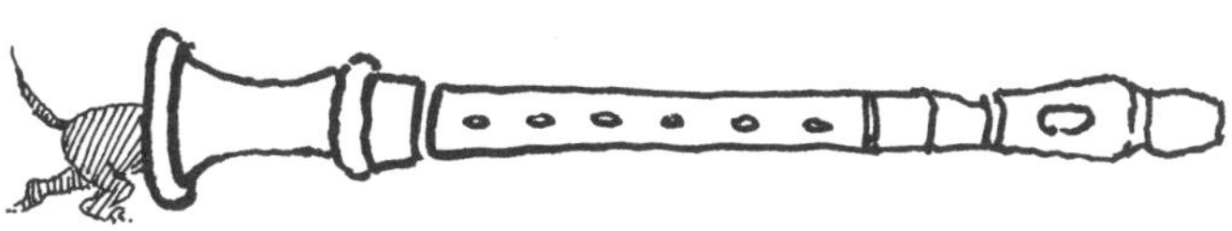

Ei, potzblitz, da stand ein Käse

Das Haus stand leer,
die Menschen war'n weg.
Kein Brotkrümel da
und kein bißchen Speck.

Kehrreim
Aber da stand jetzt ein Käse,
stand ein Käse wunderschön.
Eine solche Köstlichkeit,
die hatten sie noch nie gesehn.

Der Hund war weg,
sein Futter auch.
Jetzt saßen sie da
mit leerem Bauch.

Kehrreim
Aber da stand jetzt ein Käse,
stand ein Käse wunderschön.
Eine solche Köstlichkeit,
die hatten sie noch nie gesehn.

Das Haus stand leer,
die Katze war fort.
War das ein Glück!
Und was sahen sie dort?

Kehrreim
Ei, potzblitz, da stand ein Käse,
stand ein Käse wunderschön.
Eine solche Köstlichkeit,
die hatten sie noch nie gesehn.

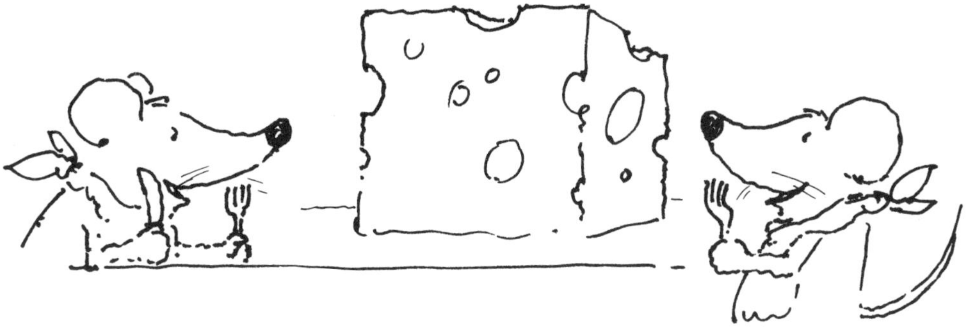

Ein solcher Käse ist ein Stück
vom Paradies auf Erden.
Wer Hunger hat, dem bringt er Glück
zum satt und selig werden.

Kehrreim
Ei, potzblitz, war das ein Käse,
ja, ein Käse, wunderschön.
eine solche Köstlichkeit,
die hatten wir noch nie gesehn.

Wir fürchten keinen Hunger mehr
und keine Katzentatzen.
Wir schauen selig in die Welt
und sitzen da und schmatzen.

Kehrreim
Ei, potzblitz, war das ein Käse,
ja, ein Käse, wunderschön.
Eine solche Köstlichkeit,
die hatten wir noch nie gesehn.

Quellen

Henne Hanna; Der Januarmäusefesteislaufkrach; Die Schmetterlingsmäuse
aus: *Für Katzen streng verboten*. Ein Bilderbuch. Text von Fredrik Vahle. Bilder von Leo Lionni. Gertraud Middelhauve Verlag, Köln 1983[III]

Neben dem Schornstein, da sitzt eine Maus; Der Fuchs, der sitzt im tiefen Wald
aus: *Frederick*. Ein Hörspiel mit Liedern und Musik von Leo Lionni und Fredrik Vahle. Als Schallplatte und Kassette zusammen mit dem Hörspiel *Geraldine und die Mauseflöte:* Pädagogischer Verlag Schwann-Bagel, Düsseldorf 1980.
Als Schallplatte zusammen mit dem Bilderbuch *Frederick:* Gertraud Middelhauve Verlag, Köln 1980

Frederick
Ein Bilderbuch von Leo Lionni. Deutsch von Günter Bruno Fuchs. Gertraud Middelhauve Verlag, Köln 1983[XXXV]

Wer macht die Blumen bunt?
Ein Pappbilderbuch von Leo Lionni. Deutsch von Günter Bruno Fuchs. Vertonung von Fredrik Vahle. Gertraud Middelhauve Verlag, Köln 1982[II]

Der Katzentatzentanz
Ein Pappbilderbuch. Text und Vertonung von Fredrik Vahle. Bilder von Helme Heine. Gertraud Middelhauve Verlag, Köln 1983[IV]

Wem gibt der Elefant die Hand?
Ein Pappbilderbuch. Text und Vertonung von Fredrik Vahle. Bilder von Jozef Wilkon. Gertraud Middelhauve Verlag, Köln 1982

Bei dem Birnbaum in den Feldern; Ei, potzblitz, da stand ein Käse
aus: *Geraldine und die Mauseflöte*. Ein Hörspiel mit Liedern und Musik von Leo Lionni und Fredrik Vahle.
Als Schallplatte und Kassette zusammen mit dem Hörspiel *Frederick:* Pädagogischer Verlag Schwann-Bagel, Düsseldorf 1980
Als Schallplatte zusammen mit dem Bilderbuch *Geraldine und die Mauseflöte:* Gertraud Middelhauve Verlag, Köln 1980

Geraldine und die Mauseflöte
Ein Bilderbuch von Leo Lionni. Deutsch von Fredrik Vahle. Gertraud Middelhauve Verlag, Köln 1982[II]